非凡成长系列

史蒂芬·霍金
与万物对话

非凡成长系列

史蒂芬·霍金
与万物对话

[英] 凯特·斯科特　著

[荷] 艾丝特·莫尔斯　绘

苏艳飞　译

史蒂芬·霍金 是谁?

刚过了二十一岁生日，史蒂芬·霍金就被确诊患上了一种罕见的不治之症，医生宣判他"死刑"，认为他活不了几年了。不过，他又活了五十五年！他成为我们这个时代最有名、最受敬仰的物理学家和思想家之一。他身上闪现的恶疾不能阻止人成就伟业的精神激励着全世界的人们奋发向上……

巨石阵

剑桥

牛津

圣奥尔本斯

（海格特）
伦敦

英格兰

史蒂芬·霍金

1942 年 1 月 8 日，**史蒂芬·霍金**生于英国牛津。

霍金在世界知名学府牛津大学获得本科学士学位后，在另一所世界顶尖大学——剑桥大学继续深造，获得博士学位。他是一位伟大的物理学家。他一生都在努力解答科学难题，如宇宙的起源。毫无疑问，他喜欢挑战。

小贴士

牛津：位于英国英格兰东南区的一座城市，因有世界一流大学牛津大学而闻名。

由于患上不治之症，随着年龄的增长，他的行动变得越来越笨拙，健康状况每况愈下，但是他的头脑仍然清晰强大，他仍坚持工作，直至生命的最后一刻。1985年，他丧失了说话的能力，一名电脑程序设计员想出了一个办法，研造了一种特制的语音合成器，帮助他说话。由于霍金无法用嘴说话或是用手打字，他只能借助脸颊肌肉的运动来控制这个语音合成器。

霍金的一生绝大部分时间是在轮椅上度过的，但是这并不妨碍他环游世界。

继续迎接下一个挑战！

你知道吗？

2007年，霍金参观美国肯尼迪宇航中心，体验了零重力飞行。

肯尼迪宇航中心位于美国东部佛罗里达州东海岸，是美国国家航空航天局（NASA）进行宇航器发射的试验基地。

　　霍金一生中出版了许多著作，其中最有名的当属《时间简史》了。《时间简史》售出了 1000 多万册。他为人类的科学事业做出了杰出的贡献，获得了诸多荣誉，受到人们的敬仰，世界各地的人们以各种各样的方式缅怀他。

　　让我们一起来深入了解霍金的非凡人生吧。

霍金的家庭

霍金的爸爸弗兰克出身于英国约克郡的一个世代为农的家庭。后来，他考上了牛津大学，毕业后成了一名医生。霍金的妈妈伊泽贝尔来自英国的苏格兰。在她十二岁的时候，全家搬到了英国的德文郡。后来，她也考上了牛津大学。

你知道吗？
伊泽贝尔来自一个有着八个孩子的大家庭。

弗兰克经常到非洲去研究热带疾病，这是他工作的一部分。伊泽贝尔刚开始是一名税务员，不过她一点儿都不喜欢这份工作。后来，她重新找了一份医学研究秘书的工作。换工作后不久，她遇到了弗兰克。1941 年，弗兰克和伊泽贝尔结婚了。

经历第二次世界大战

　　二战期间，德国同意不轰炸牛津和剑桥。作为回报，英国同意不轰炸德国的两座城市。这样一来，牛津就成了一个相对安全的地方，怀孕的伊泽贝尔暂时来到牛津避难。

1942 年，霍金在牛津出生了，不过那时他们的家还在伦敦的海格特。

霍金是家里的长子。他一岁半的时候，妹妹玛丽出生了。一开始，他不太喜欢有个妹妹。后来，他五岁的时候，妈妈又给他生了一个妹妹菲莉帕。这时，他也习惯了有妹妹，所以对菲莉帕的到来并不排斥。在他十四岁的时候，爸爸妈妈收养了一个男孩——爱德华。

伽利略·伽利雷

你知道吗？

霍金出生那天恰好是伽利略 300 周年忌辰。伽利略是意大利伟大的天文学家、物理学家、哲学家。

霍金的童年记忆

霍金的童年记忆有点儿苦涩。他记得自己大约两岁半的时候，在幼儿园里哭个不停。他想要和其他小孩一起玩耍，但是过于害羞胆小，不敢主动加入，他感到很伤心、很难过。

你知道吗？
霍金八岁的时候才会识字。

霍金出生的时候二战还未结束。有一次，他和妹妹还有妈妈外出了，一枚 V-2 导弹落在他们家的附近。霍金的爸爸当时就在家里，不过幸运的是，他安然无恙。

小贴士
V-2 导弹是一种大型远程导弹。

导弹在他家附近爆炸使得自此多年后他家附近都有一片爆炸后留下的废墟。霍金经常同邻居家的孩子到废墟玩耍。二战结束后，像这样的战争废墟顺理成章地成了当地孩子们玩冒险游戏的游乐场。

11

 小时候钟爱玩具火车。他最想要的礼物是一辆电动玩具火车。

不过这很难买到，即便二战结束了，玩具也是稀罕之物。二战期间，食物是按量配发的，像玩具这样的玩物不是生活必需品，所以人们认为是不重要的。曾经生产玩具的工厂现在都不得不生产战争需要的枪支这类军需品。

霍金 的爸爸手工做了一辆木质玩具火车送给他，后来又给他做了两辆发条式玩具火车，不过这些玩具火车运行的效果都不好。因此，一天，霍金决定自己来解决这个问题。趁爸爸妈妈外出之际，他去银行从自己的账户上取出钱，买了一辆电动玩具火车！

什么是按量配发？

　　二战期间，英国人的食物大多来自其他国家。那时，食物是用船运送到英国的。敌人常常轰炸货船，所以，政府实行食物按量配发政策以确保在物资匮乏的时候，人人都能得到一定量的食物。政府每周会给每个人配发一定数量的券。在买东西的时候，人们就用券来支付。一旦用完配发的某种券（比如奶酪券、肉券等），这一周就不能再买这些东西了。

电动火车

搬家

　　霍金八岁时，全家从伦敦搬到了离伦敦不远的圣奥尔本斯。在搬进新家前，新家需要进行修缮。霍金的爸爸弗兰克担心请人来装修房子开销太大，所以他尝试自己装修。不幸的是，弗兰克并不擅长装修房子。

尽管**弗兰克**有一份好工作，收入稳定，但还是很为钱发愁，所以他想尽一切办法省钱。霍金小时候，弗兰克认为家里不再需要中央供暖系统了，所以决定关闭供暖，这样一来家里常常冷得如冰窖。弗兰克想了一个办法来解决这个问题，那就是里面多穿几件毛衣，再穿上外套，最后再把睡袍穿上！

你知道吗？

弗兰克曾在伦敦花了50英镑买了一辆旧出租车。这车成了他们的家用轿车。

在新房子里，**霍金**住的房间原本是保姆房（如果家里请得起保姆的话），因此这个房间有一个与厨房连接的铃铛。

霍金非常喜欢这个房间，因为从这个房间的窗户爬出就能到工具房的棚顶，然后一跳就到地面了，这样他来去都很自由。

渐渐长大的

霍金

霍金大一点后，全家人经常去海边旅游小镇韦茅斯附近的西多塞特小住。霍金的爸爸妈妈买了一辆旅行拖车，把它粉刷成了绿色。他们到西多塞特就住在旅行拖车里。

爸爸妈妈在旅行拖车里装上了双层床，霍金和妹妹们睡双层床，爸爸妈妈则睡在旅行拖车旁的帐篷里。

霍金八岁那年，他的爸爸离家四个月去研究热带病。他的妈妈伊泽贝尔决定带着孩子们去西班牙的马略卡岛拜访朋友。这次旅行在当时可不简单，因为西班牙当时正处在弗朗西斯科·佛朗哥的独裁统治下。二战中，佛朗哥是法西斯德国元首希特勒和意大利法西斯党党魁墨索里尼的盟友。坐飞机去西班牙是不可能的，他们那次旅行比现在的旅行艰难百倍。他们得先乘船，再坐火车。

你知道吗？

独裁：指个人或组织（不是国王、女王，也不是人民选举的领导人）独揽政权，实行专制统治，以个人意志左右国家意志。

弗朗西斯科·佛朗哥

小贴士

弗朗西斯科·佛朗哥
（1892—1975）：西班
牙独裁者，统治西班
牙三十多年。

　　他们在马略卡岛的时候，**霍金**同妈妈朋友家的儿子一起在家上课。但是，那个家庭教师没有多大兴趣教这两个男孩子，因为他正忙于写自己的剧本。

你知道吗？
小时候，霍金的书写非常潦草。

两年后，年仅十岁的霍金参加了"11+"考试，即小学升初中考试。他考上了圣奥尔本斯中学。这所中学实行快慢班制。考试成绩优秀的学生被分在最好的班。**霍金**勉强进入了最好的班。

小贴士

"11+"考试：在英国，有些小学生需要参加"11+"考试，根据分数决定将来上哪所中学。

"如果能弄明白宇宙的

运转方式，

就能在某种程度上

掌控它。"

少年时期的**霍金**和同学一起设计了很多好玩的游戏。他还花了很多时间制作模型船和模型飞机（虽然他说自己不太擅长做模型）。后来，他认为他喜欢设计游戏、制作模型很可能是因为他想要弄明白物体的运转方式。

在圣奥尔本斯中学，**霍金**交到了几个好朋友，他们一生都保持着联系。他们在一起谈天说地，畅想宇宙起源。

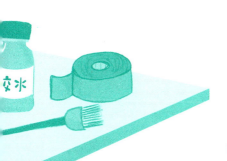

你知道吗？

同班同学给霍金取了个昵称——"爱因斯坦"！

25

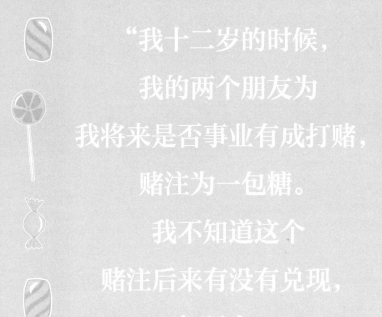

"我十二岁的时候，
我的两个朋友为
我将来是否事业有成打赌，
赌注为一包糖。
我不知道这个
赌注后来有没有兑现，
如果有，
他们是如何评判的呢？"

霍金的爸爸花了大量时间来研究热带病。他有自己的实验室，还有一个专门养昆虫的房子，被他称为"昆虫之家"。

霍金喜欢去爸爸的实验室玩，用显微镜观察昆虫，但他总会感到紧张，因为那里有很多蚊子嗡嗡嗡地飞来飞去！

"我总是好奇物体的运转方式，

常常将物品拆开来看它们是

如何运转的，

但是我不太擅长把它们装回原样。"

选专业

爸爸**弗兰克**希望儿子子承父业学医，不过霍金对生物学并不感兴趣。

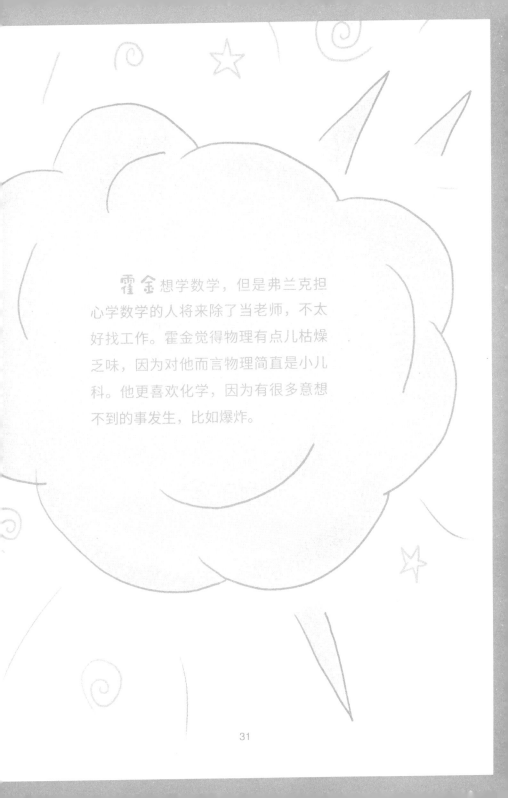

霍金想学数学，但是弗兰克担心学数学的人将来除了当老师，不太好找工作。霍金觉得物理有点儿枯燥乏味，因为对他而言物理简直是小儿科。他更喜欢化学，因为有很多意想不到的事发生，比如爆炸。

牛津大学

最终，霍金选择主修物理和化学。他十七岁那年，报名参加了牛津大学的奖学金考试。那时，他的家人要去印度生活一年，但是他要留下来参加牛津大学的入学考试和奖学金考试，所以没有与家人同行去印度。

考完试，他独自去印度和家人会合，在印度过了一个难忘的暑假。

　　这是一次冒险。夏天是印度的雨季，许多道路被洪水冲毁。霍金家从英国运去的汽车艰难地行驶在被大雨冲得泥泞的小路上，他们不得不时不时下车推车，甚至有时竟无路可走！

"霍金有一种强烈的好奇心，

我能看出他对星辰非常着迷。"

——霍金的妈妈，伊泽贝尔

大学入学和奖学金考试后，**霍金**觉得自己考得很糟糕。但是，等到暑假结束，他从印度回到英国后收到一封为他提供奖学金的电报。

你知道吗？

虽然霍金上大学时年龄较小，但那时一个班上有同学比其他同学要大得多是很常见的事儿。因为二战后那几年，许多人必须去服兵役，他们的学业只能推迟。

霍金比大多数人要早一年上大学，所以他刚去牛津大学上学时，常常感到很孤独。

霍金结交新朋友的方式就是加入牛津大学赛艇俱乐部。他在该俱乐部担任舵手。不过，幸运女神并未眷顾他。在第一次比赛中，他们的赛艇就偏离了赛道，由此失去了比赛资格。

什么是舵手？

在赛艇运动中，舵手负责管理全体船员，确保赛艇的航向正确，鼓励队员竭尽全力划得又快又稳。舵手既是比赛中的教练，也是队长，负责喊口令，鼓舞士气。

　　还有一次，在霍金担任舵手期间，他们队的赛艇撞上了另一艘赛艇。尽管在他担任舵手期间遇到了各种困难，但是他也因此结交了很多新朋友，他感到快乐多了。

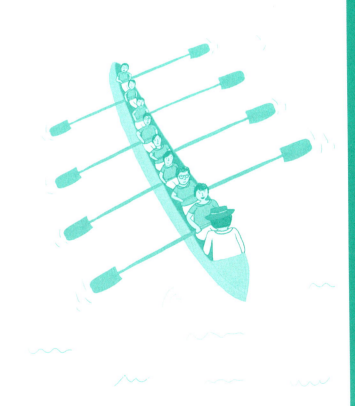

游学

牛津大学会给学生提供特别奖学金供他们到海外游学。霍金成功申请到奖学金，于1962年同朋友一道前往伊朗游学。

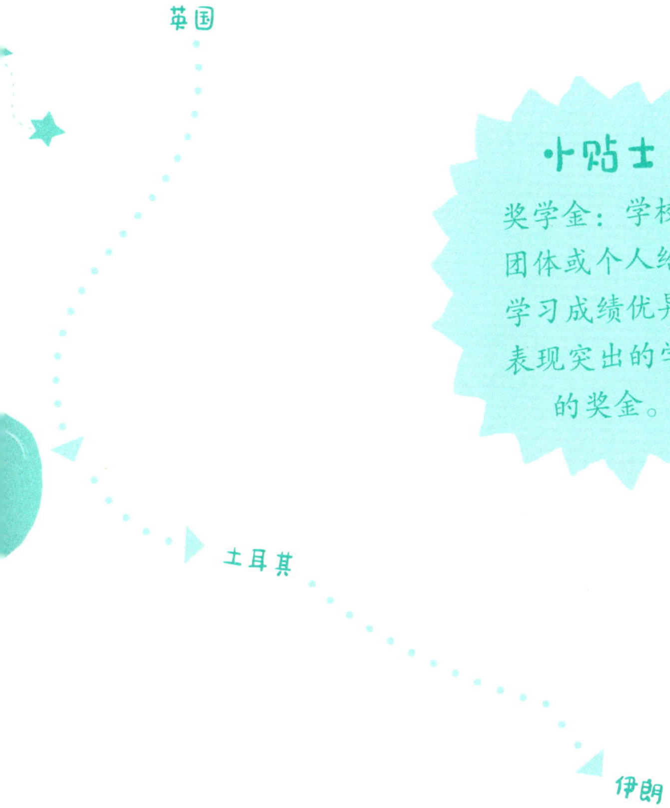

英国

土耳其

伊朗

小贴士

奖学金：学校、团体或个人给予学习成绩优异或表现突出的学生的奖金。

霍金和朋友两人开始乘坐火车，后来又转大巴车。大巴车上除了人，还有许多鸡、鸭、羊等动物。车声、人声、动物声，嘈杂无比。更糟的是，还有难闻的臭味。

这次的旅途比霍金想象的要曲折得多。在回家的路上，他生病了。他们坐的大巴车行驶在崎岖的路上时，还经历了地震。不过由于一路颠簸，地震发生时，霍金都没有意识到。

这次地震造成了严重后果，有 12000 多人丧生。虽然这次地震震级很大，但是霍金和他的朋友是几天后才知道的。那时，没有手机，没有电脑，要想和家人保持联系是很困难的事。霍金的爸爸妈妈焦急地等待了十天，才得知他还活着。**霍金**很幸运，只断了一根肋骨。

　　霍金在牛津大学读书的最后一年，从楼梯上摔了下来。此后的一段时间他明显感觉到自己的行动变得越来越笨拙。他开始担心起来，于是去看了医生。那时，医生并没有引起重视，认为霍金行动笨拙是喝酒过量造成的。

剑桥大学

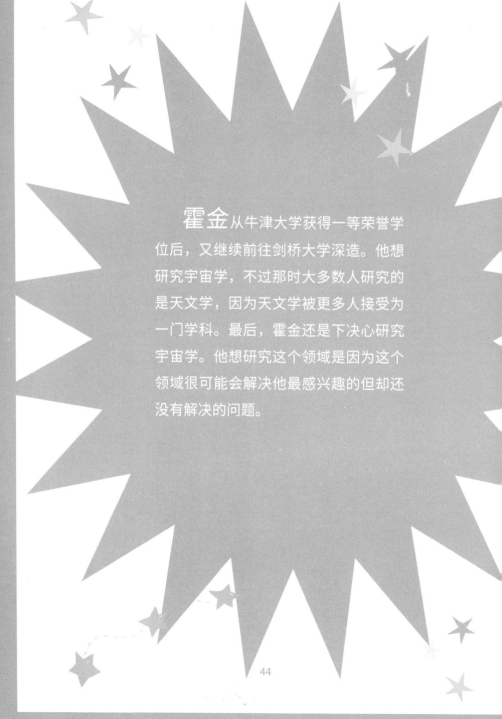

霍金从牛津大学获得一等荣誉学位后，又继续前往剑桥大学深造。他想研究宇宙学，不过那时大多数人研究的是天文学，因为天文学被更多人接受为一门学科。最后，霍金还是下决心研究宇宙学。他想研究这个领域是因为这个领域很可能会解决他最感兴趣的但却还没有解决的问题。

44

什么是天文学?

　　天文学是研究太空、行星和物理宇宙的学科。

什么是宇宙学?

　　宇宙学研究宇宙的起源、结构和演化,是天文学与粒子物理学相结合的学科。

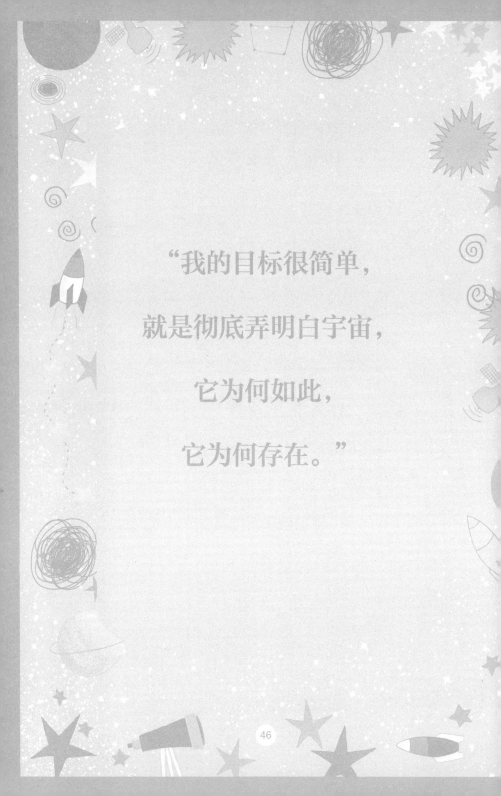

"我的目标很简单，

就是彻底弄明白宇宙，

它为何如此，

它为何存在。"

46

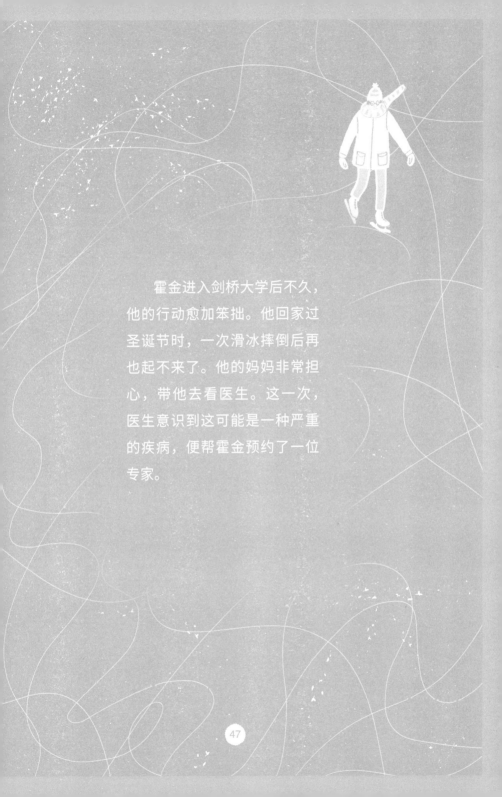

　　霍金进入剑桥大学后不久，他的行动愈加笨拙。他回家过圣诞节时，一次滑冰摔倒后再也起不来了。他的妈妈非常担心，带他去看医生。这一次，医生意识到这可能是一种严重的疾病，便帮霍金预约了一位专家。

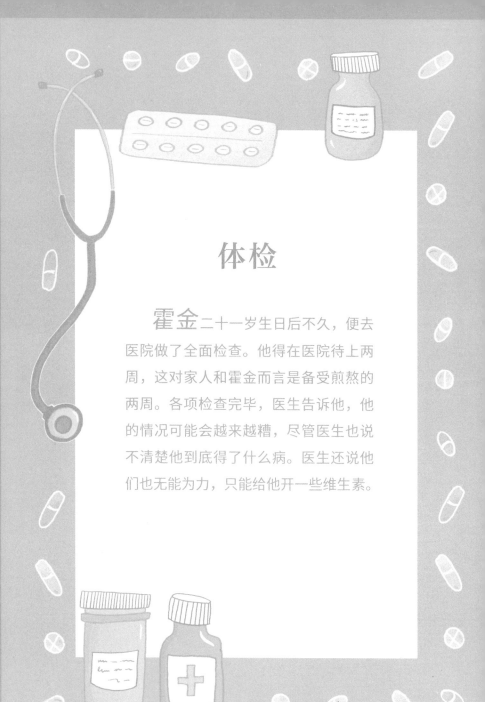

体检

霍金二十一岁生日后不久，便去医院做了全面检查。他得在医院待上两周，这对家人和霍金而言是备受煎熬的两周。各项检查完毕，医生告诉他，他的情况可能会越来越糟，尽管医生也说不清楚他到底得了什么病。医生还说他们也无能为力，只能给他开一些维生素。

最终，**霍金**被诊断患上了不治之症——运动神经元病，俗称"渐冻症"。这消息犹如晴天霹雳，他觉得天都要塌下来了。医生宣判他"死刑"，告诉他顶多还能再活几年。不过，医生也告诉他可以继续工作。一开始，霍金很难接受这个事实，很难一如既往地工作、生活。当然，这也是可以理解的。

什么叫运动神经元病？

运动神经元病（MND）也叫肌肉萎缩性侧索硬化病、卢伽雷病。这是一种罕见的绝症，影响大脑细胞和神经元（运动神经元）的正常工作。随着年龄的增长，这些细胞会停止工作。这种病的病因尚不清楚。随着病情加重，身体会变得越来越虚弱，渐渐发展为全身肌肉萎缩，最后呼吸衰竭。这种病无法根治，但可以给予保护性治疗，帮助病人延长生命。患病早期，患者可能有四肢无力、拿握东西困难、讲话困难、体重下降、肌肉萎缩、肌肉抽筋等症状。

霍金慢慢接受了自己身患绝症的事实，
他下定决心绝不向绝症屈服。

"疾病尚未确诊之前，

我觉得生活无聊至极……

但是疾病确诊之后，

我突然意识到，

我还可以做很多

有意义的事情。"

负重前行

霍金发现自己有一股强烈的欲望，想要加倍努力工作。

也是在这一时期，**霍金**爱上了简·王尔德。他们两人是通过共同的朋友介绍相识的。他知道自己命不久矣，所以想尽可能地拓宽生命的宽度，增加生命的厚度，让生活变得有意义。

绝症给他带来了无数困难，不过他下决心——攻克。后来，他写字和打字都变得很困难，就请人帮他写。他将自己的想法说出来，其他人写下来，然后再打印出来让他确认。这样他就克服了身体的残疾，创作出让其他科学家都感到震惊的作品。

"我们人类也只不过是比猴子高级点的灵长目动物，生活在一颗绕着一颗普通的恒星运行的小行星上。"

后来，**霍金**得到了一个研究员的职位，这也意味着他有能力完成与简的婚姻大事了。他们结婚的时候，霍金已到了需要借助拐杖行走的程度。

小贴士

研究员：大学等机构聘请一些专业人员来开展相关领域的研究，并支付他们工资。

接下来的五年，简生了两个孩子——罗伯特和露西。由于霍金工作的原因，他们一家还去了美国。生活对简而言很艰难，她不仅要照顾两个孩子，照顾霍金的饮食起居，还要独自面对生活的鸡零狗碎。这常常让她身心疲惫，焦虑不堪。

黑洞与宇宙大爆炸

霍金想要解决当时宇宙学中最关键的问题：宇宙有起源吗？有些科学家认为宇宙是在某个特定时间点起源的，而有些科学家则不赞同这个观点，提出了反对意见。霍金认为有证据表明宇宙的确有一个精确的起源点。对霍金而言，这是一段令人振奋的时期，因为那时很少有人研究这个课题。

什么是黑洞?

黑洞是存在于宇宙中的一种天体,在那里,物质被紧紧挤压在一起。黑洞的引力极其强大,任何物质都无法从黑洞逃离,即使光也不行。

什么是宇宙大爆炸?

宇宙大爆炸是现代宇宙学中最有影响的学说之一,主要观点是认为宇宙起源于极端炽热和极大密度的状态,然后演化成极度冰冷和极小密度的状态,如同一次巨大爆炸——微小粒子聚在一起形成原子,最后原子结合形成恒星和星系。

霍金渐渐丧失了四肢的行动能力，但这并未阻止他继续工作。他不再写方程式，而是自学在脑海里形成各种心智图案和心智方程。有人认为正是这种新工作模式帮助他提出了相关的理论学说。

$$E = mc^2$$

$$\frac{1}{c^2}\frac{\partial^2 \phi_n}{\partial t^2} - \nabla^2 \phi_n + \left(\frac{mc}{\hbar}\right)^2 \phi_n = 0$$

$$T_H = \frac{\hbar c^3}{8\pi G k_B M}$$

$$S = \frac{\pi A k c^3}{2\hbar G}$$

黑洞的概念其实已存在两百多年了。1783 年，英国物理学家**约翰 · 米歇尔**就提出了黑洞假说，当时这个猜想被他命名为"黑星"。

约翰·米歇尔

霍金要想证明宇宙起源同某种"大爆炸"有关，就必须先研究黑洞。他意识到自己用来证明黑洞存在的相关数学原理也适用于证明大爆炸的存在。霍金对黑洞和大爆炸的研究让他在全世界声名鹊起。

前往加利福尼亚州

1974 年，三十二岁的霍金被选为英国皇家学会会员。这是至高无上的荣誉，尤其是对如此年轻的人而言。不久，他受邀前往美国加州理工学院工作。那时，霍金已使用轮椅好几年了。他还有一辆电动三轮汽车。

在加利福尼亚工作生活期间，霍金和家人用上了彩电等"奢侈品"。因为在那时的英国，彩电还是稀罕物。孩子们也都非常喜欢加利福尼亚的生活。

小贴士

英国皇家学会成立于 1660 年，是英国五大学术院中成立最早的，总部位于英国伦敦。

加州理工学院创办于 1891 年，是世界顶级私立研究型大学，公认的最为典型的精英学府之一。

加利福尼亚州位于美国西南部，是美国农业最发达的州之一，有著名大学斯坦福大学、加州理工学院等。世界知名的好莱坞和硅谷就在加利福尼亚州。

健康恶化

1979 年，简生了第三个孩子蒂莫西。蒂莫西出生后，霍金的健康状况愈加恶化。1985 年，霍金在访问瑞士日内瓦的量子物理实验室时，不幸染上肺炎，他开始出现长时间窒息昏厥症状。这是医生担心霍金不能好转的原因之一。

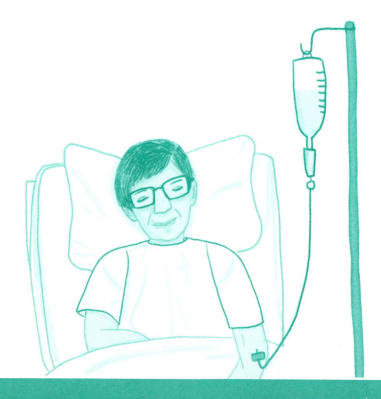

他的妻子简坚持要带霍金回英国治疗。回英国后，霍金在剑桥的一家医院做了手术。这次手术虽然挽救了他的性命，但也让他从此再也无法说话。手术之前虽然他说话含糊，但至少还可以说，但现在他连发声都不能了。现在他进行交流的唯一方法就是，有人指着字母卡上的字母，如果是他想要的字母，他就会扬起眉毛示意，这样就能把一个个词拼写出来。

OK

A

G

B

M

"采用这样的
方式交流就已经
非常困难了，
更不要说用
这样的方式来写
科研论文了。"

YES

NO

3

加利福尼亚的一位电脑专家**沃尔特·沃尔兹**专为霍金设计制造了一种特殊的语音合成器。

霍金的语音合成器是在一台小型个人电脑上运行的。他可以说话，也可以把想说的话存储在光盘里。这样，储存在系统里的句子组成完整的话语后，他就能连贯地说出来，还能打印在纸上（如果尝试实时说话，这个设备一分钟仅能处理大约三个单词。你试一试这种方法，就会发现这实在是太慢了。）。后来有了更接近人声的语音合成器，霍金决定仍沿用之前的人工声音，因为人们已经习惯了这种声音。霍金借助其脸部肌肉的运动来控制这个语音合成器。

"我的电脑主界面
是由开源程序
开发的……
屏幕上有一个软键盘。
光标自动按行或
按列扫描软键盘。
我通过脸部肌肉的
运动来控制光标的移动，
选择某个字母。"

小贴士

开源程序是可以被公众使
用的程序代码，且程序代
码使用、修改、发行不
受许可证的限制。

时间简史

时间简史

史蒂芬·霍金 著

霍金越来越担心自己的健康状况，不知道自己余生还有多长。他决定将自己的研究成果写成书，希望将来能给家人带来收益。

"我希望我的书
能在**机场**的书店售卖。"

霍金希望他的书人人都能看得懂，即便不是科学家，即便只是对宇宙学略知皮毛的人都能看懂。因此，他选择与一家出版通俗读物的出版商合作（这家出版社的读物通常在机场售卖）。编辑帮助霍金修改语言文字，以便绝大多数人都能看懂。这可不是一件容易的事，因为宇宙学中的观点本身就是晦涩难懂的。

霍金竭尽全力实现自己的目标。1988年，《时间简史》出版。该书很快成为畅销世界的科学书籍之一，自出版以来，已被翻译成 35 种以上的语言，累计售出 1000多万册。霍金的名字开始闻名全球。

家庭变化

霍金多年来的身体健康问题让这个家庭不堪重负。1995 年，霍金和简决定离婚，原本相爱的两个人就此散场。离婚后，他们仍是朋友，各自安好，后来又各自再婚。

接下来的几年里，霍金的健康状况不断恶化，还出现过多次危及生命的情况，不过他每次都挺过来了。他的第二任妻子伊莱恩是一名护士，有几次都是她救了他的命。但是，两人在一起几年后也离婚了。霍金的余生是和一名管家度过的。他的第一任妻子简再婚后就住在霍金家附近，也在照顾他。

你知道吗？

众所周知，霍金很有幽默感。1995 年，英国传奇时尚杂志《脸》采访霍金，问他有没有时间旅行的方程式。霍金回答："我没有时间旅行的方程式。如果有，我每周买彩票都能中大奖了。"

工作与绝症

虽然霍金的绝症给他的生活带来了诸多困难，但这也证明绝症是阻止不了人们取得伟大成就的。霍金甚至认为正是身患绝症促使他不断拼搏，取得了伟大成就。

"我可以不遗余力地
投入研究中。"

"我人生圆满，

我心满意足……

我竭尽全力做我

想做的事。"

霍金能成为万众瞩目的焦点人物，部分原因也在于他的绝症。人们想了解他身残志坚的非凡的人生故事。他以顽强意志努力克服绝症带来的各种困难，不遗余力地探索科学界的难题，这让世人钦佩。他的非凡人生也激励着其他残障人士。

霍金游历过许多地方。除了大洋洲，地球的六大洲——亚洲、欧洲、非洲、南美洲、北美洲、南极洲、他都去过。

　　2007 年，**霍金**参观美国肯尼迪宇航中心，体验了零重力飞行。

"他的笑容……一定是感动了星辰。"

——简·王尔德

流行文化中的霍金

霍金成为万众瞩目的焦点后，一些以他为原型拍摄的电视节目和影视作品应运而生。再后来，他还本色客串演出。他出现在许多与工作相关的电视节目上，他也很享受上一些有创意的节目。

例如，动画片《辛普森一家》根据霍金的形象创作了一个动画人物，霍金为"自己"配音。他有时开玩笑说，人们还以为他就是《辛普森一家》中的那个动画人物！另一部动画片《飞出个未来》也有以他的形象创作的动画人物，这个动画人物很凶狠，甚至在一集中能用眼睛射出激光！

在霍金客串的影视作品中，最有知名度的应该是美国情景喜剧《生活大爆炸》。当然，现实生活中，霍金对"宇宙大爆炸"做了很多理论研究。他很欣赏这部美剧，认为很有趣、很搞笑，乐意在这部美剧中客串七集。霍金还在电视剧《星际迷航》中客串过。这太对他的胃口了，因为霍金对太空旅行也十分感兴趣。

你知道吗？

2002年，BBC在全英国范围内发起了一项投票，选出一百位最伟大的英国人，霍金成功入选。

你知道吗?

2009 年，霍金为时间旅行者们举办了一场聚会。他计划在聚会结束后才送出请柬。因为他认为，如果客人出现了，就能证明时间旅行是真实存在的。不幸的是，没有人出现在聚会上，所以他断定当下时间旅行还不能实现！

欢迎时间旅行者们！

2004 年，一部围绕**霍金**人生拍摄的纪录片《霍金传》上映，片中英国著名演员本尼迪克特·康伯巴奇饰演霍金。2014 年，传记电影《万物理论》上映，毕业于剑桥大学的英国演员埃迪·雷德梅恩饰演霍金，菲丽希缇·琼斯饰演简·王尔德。主演埃迪·雷德梅恩还凭此影片获得了第 87 届奥斯卡金像奖最佳男主角奖。这部影片讲述了霍金与第一任妻子简之间的爱情故事及霍金患病前后的励志人生（这部影片的灵感来源于简·王尔德的回忆录）。

　　霍金和女儿露西合著了关于太空历险和时间的系列儿童书。第一本是《乔治的宇宙秘密钥匙》。

激励世人

在 2012 年伦敦残奥会开幕式上，霍金亲临现场做了演讲。作为一名著名的物理学家，他希望能借助自己的影响力支持并促进科学研究。他也热心于帮助普通人弄明白科学的潜力以及我们自己的潜力。

2015 年和 2017 年，**霍金**参演喜剧救济基金会的喜剧小品，借自己的名气筹集资金做公益活动。

小贴士

喜剧救济基金会是英国最大的慈善组织之一，该基金会致力于创造一个没有贫穷的世界。

"请记得要仰望星空，
不要低头看地。
试着理解你所看到的一切，
思考是什么让宇宙存在至今，
保持一颗好奇心……"

霍金为人类的科学事业做出了杰出贡献，获誉无数，被誉为当代最伟大的物理学家之一。人们以他的名字来命名博物馆及建筑物，如萨尔瓦多首都圣萨尔瓦多的史蒂芬·霍金科技馆、剑桥的史蒂芬·霍金大楼、加拿大圆周理论物理研究所的史蒂芬·霍金中心。

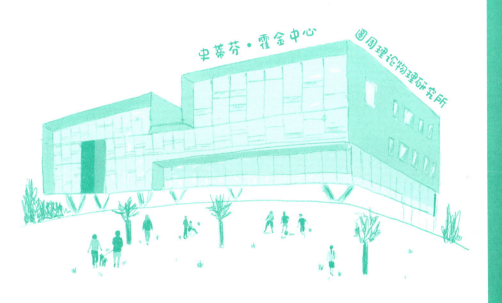

史蒂芬·霍金中心　圆周理论物理研究所

不平凡的一生

2018 年 3 月 14 日，史蒂芬·霍金逝世，享年七十六岁。他二十一岁被诊断患上不治之症——"渐冻症"，被医生宣判只能活几年，可他又足足活了五十五年，连他自己都未曾想到能活这么长的时间！

"二十一岁那一年，
我得了绝症，
我的人生期望值变为零。
自那以后，
一切都是意外的惊喜。"

"我很高兴能为人类

探索宇宙尽绵薄之力。"

最重要的是，霍金帮助了数百万人了解身处其中的宇宙是如何运转的，帮助我们认识到宇宙中还有更多未知有待探索。

时间线

1942 年

1942年1月8日，史蒂芬·霍金出生于英国牛津。

1950 年

霍金一家从伦敦海格特搬到圣奥尔本斯。

1959 年

获得牛津大学奖学金。

1962 年

从牛津大学毕业，获得一
等荣誉学位。前往剑桥大
学继续深造，研究宇宙学。

1963 年

被诊断患有不治之症——运动神经元病
（MND），也叫肌肉萎缩性侧索硬化病、
卢伽雷病，俗称"渐冻症"。

1965 年

二十三岁的霍金从剑桥大学毕业，获得博士学位。霍金同简·王尔德结婚（他们随后有了三个孩子：罗伯特、露西、蒂莫西）。

简

罗伯特

露西

剑桥大学

史蒂芬·霍金

1974 年

被选为英国皇家学会会员。

1977 年

成为剑桥大学引力物理
学教授。

1979 年

获得英国剑桥大学的
荣誉职位——卢卡斯
数学教授席位。

1982 年

被英国女王授予英国二
等勋位爵士（CBE）。

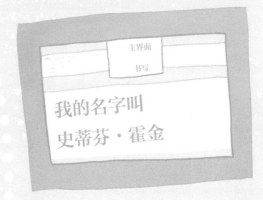

主界面

书写

我的名字叫
史蒂芬·霍金

1985 年

丧失说话能力。一名电脑程序员
研制了一种特殊的语音合成器，
帮助他解决不能说话的问题。

时间简史

史蒂芬·霍金 著

1988 年

《时间简史》出版。

2007 年

在美国肯尼迪宇航中心体验了零重力飞行。同女儿露西一道创作并出版童书《乔治的宇宙秘密钥匙》。

1995 年

与简·王尔德离婚，后来与伊莱恩·梅森结婚。

2009 年

获得美国总统自由勋章。

2013 年

获得基础物理学奖（奖金 300 万美元）。

2014 年

讲述霍金与第一任妻子简·王尔德之间爱情故事的电影《万物理论》上映。

2015 年

联合互联网投资人、亿万富翁尤里·米尔纳宣布启动新项目，旨在搜索外星智慧生命。

2018 年

2018 年 3 月 14 日，霍金在英国剑桥家中逝世，享年七十六岁。

开动脑筋

史蒂芬·霍金曾想改变世界。你觉得霍金得知自己得了不治之症时是何感受？

如果时间旅行实现了，你想去哪儿？

未来？

过去？

为什么？

宇宙中还有许多激动人心的未解之谜等
着我们去探索。请想象一下，宇宙中可能还
有什么等着人们去发现？

索引

引用来源

　　文中引语大部分来自史蒂芬·霍金的著作《我的简史》（2013年），其余引语的来源分别如下：

　　第34页：《史蒂芬·霍金的母亲伊泽贝尔及她如何成为第一个预测霍金将取得巨大科学成就的人》（丽莎·托纳、奥伊芙·莫尔，《每日记事报》，2018年3月14日）

　　第46页：《史蒂芬·霍金的宇宙》（约翰·博斯洛，1985年）

　　第68页：史蒂芬·霍金官网上的"我的电脑"（www.hawking.org.uk/the-computer.html）

　　第71、88页：《马后炮的科学》（黛波拉·所罗门，《纽约时报》，2004年12月12日）

　　第86页：史蒂芬·霍金在残奥会开幕式上的演讲（伦敦奥林匹克体育场，2012年）

图书在版编目（CIP）数据

史蒂芬·霍金：与万物对话／（英）凯特·斯科特著；（荷）艾丝特·莫尔斯绘；苏艳飞译.—成都：天地出版社、2021.7
　　（非凡成长系列）
　　ISBN 978-7-5455-6356-6

Ⅰ.①史… Ⅱ.①凯… ②艾… ③苏… Ⅲ.①霍金(Hawking, Stephen 1942-2018)-生平事迹- 青少年读物 Ⅳ.①K835.616.14-49

中国版本图书馆CIP数据核字(2021)第070907号

著作权登记号　图进字：21-2021-188

SHIDIFEN · HUOJIN: YU WANWU DUIHUA

史蒂芬·霍金：与万物对话

出 品 人	杨 政	策划编辑	李婷婷	
总 策 划	陈 德 戴迪玲	责任编辑	奉学勤	
著　 者	[英]凯特·斯科特	营销编辑	李倩雯　吴 咚	
绘　 者	[荷]艾丝特·莫尔斯	美术设计	谭启平	
译　 者	苏艳飞	责任印制	刘 元　葛红梅	

出版发行	天地出版社
	（成都市槐树街2号　邮政编码：610014）
	（北京市方庄芳群园3区3号　邮政编码：100078）
网　 址	http://www.tiandiph.com
电子邮箱	tianditg@163.com
经　 销	新华文轩出版传媒股份有限公司

印　 刷	北京文昌阁彩色印刷有限责任公司
版　 次	2021年9月第1版
印　 次	2021年9月第1次印刷
开　 本	880mm×1230mm 1/32
印　 张	3.5
字　 数	80千字
定　 价	28.00元
书　 号	ISBN 978-7-5455-6356-6

版权所有◆违者必究

咨询电话：(028) 87734639 （总编室）
购书热线：(010) 67693207 （营销中心）

如有印装错误，请与本社联系调换。